민들레의 영토

민들레의 영토

1976년   1월 10일 교회 인가
1976년   2월 15일 초판 1쇄 펴냄
2001년 12월 15일 개정 초판 1쇄 펴냄
2010년   4월 26일 개정 2판 1쇄 펴냄
2016년   2월 15일 개정 3판 1쇄 펴냄
2025년   1월 24일 개정 3판 11쇄 펴냄

지은이 이해인
펴낸이 정순택
펴낸곳 가톨릭출판사
편집 겸 인쇄인 김대영
편집 김지영, 강서윤, 김소정, 박다솜
디자인 강해인, 이경숙, 정호진
마케팅 임찬양, 안효진, 황희진, 노가영

본사 서울특별시 중구 중림로 27
등록 1958. 1. 16. 제2-314호
전자우편 edit@catholicbook.kr
전화 1544-1886(대표 번호)
지로번호 3000997

ISBN 978-89-321-1443-9 03810

값 11,000원

ⓒ 이해인, 1976

이 책은 저작권법에 의해 보호를 받는 저작물이므로 무단 전재와 무단 복제를 금합니다.

가톨릭의 모든 도서와 성물, 디지털 콘텐츠를 '가톨릭북플러스'에서 만날 수 있습니다.
https://www.catholicbookplus.kr | (02)6365-1888(구입 문의)

민들레의 영토

이해인

가톨릭출판사

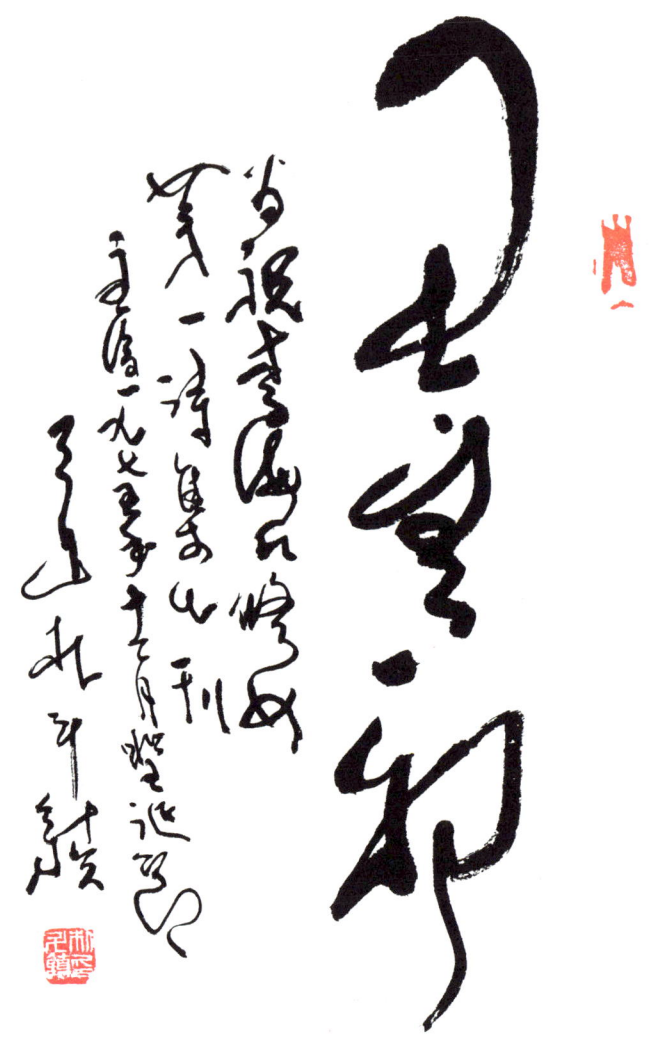

사무사思無邪: 공자가 시 305편을 산정刪定한 후 한 말로, 생각함에 사특함이 없다는 뜻.

신에게 바치는 향불이며 꽃떨기

　클라우디아 이해인 수녀의 시 작품을 처음 대했을 때 나는 무엇보다도 먼저 그의 감정적 진실에 놀라고 감동했다. 몇 차례 서신 왕복이 있은 뒤에야 비로소 대할 수 있었던 그의 작품들은 보통 우리 주변에서 흔하게는 대할 수 없는 감동력으로 읽는 사람의 마음을 때렸다.
　그것은 시이기 때문에 오는 시적 감동이나 훌륭한 표현 기법으로부터 오는 언어적 감동과는 훨씬 다른 무엇인 것 같았다.
　그가 수녀라는 특수한 신분, 그러한 특수하고 선별된 환경에서 오는 일차적인 선입견보다는 훨씬 더 본질적이고 근원적인 데서 오는 감동이라 생각되었다.
　이미 모든 것을 바치고 있고 바치기로 한 종교적 특수 직분의 작용에서가 아니었다. 그보다 더 먼저 인간적이고 인생론적인 고독과 고민, 혹은 그 갈모와 황홀 같은 것이 거의 아무런 과장이 없는 솔직성과 진솔성으로 고백되고 있었기 때문이다.

그 종교적 테두리를 방패로 한 순수 긍정적인 소명감적인 헌신의 노래, 그러한 기구이기보다는 인간 누구에게나 있을 수 있는 깊은 갈등, 종교적 헌신으로 도달될 수 있는 영원한 법열과, 인간이기 때문에 겪어야 하는 정직한 고민, 고독감, 슬픔 같은 것이 울리고 있기 때문이었다.

인간, 인생, 청춘에 대한 결연한 결단, 전부를 향기로 바치고자 하는 이의 지순한 헌신의 각오가, 이 모두를 조화한 신에의 제사로, 그러한 영혼의 불꽃으로 타고 있는 것이었다.

인간의 궁극적 진실과 거기에 도달하려는 과정적 고뇌 같은 것을 시와 종교의 관계에서 생각할 때, 우리는 두 가지 측면에서 말할 수 있을 것이라 생각한다.

이미 헌신한 종교적 성직자로서 그 종교적 법열과 황홀을 시를 통해서 고백 찬양하는 경우와, 아직은 결정적 위치에 도달하지 못한 사람이 시의 한 정신적 지향으로서 종교의 궁극적 경지를 갈모, 추앙, 기구하는 자세가 그것이다.

그러니까 인간과 인생과 종교적 귀의 헌신의 선에서 볼 때 시는 직접적으로 그것을 성취시키는 수단과 방법은 되지 못할 것이다. 그러나 이미 종교적 헌신과 그 소명에 대한 결단이 확고한 이에게 있어서는 인간의 감정, 정서, 사상 관념을 보다 더 진솔하고 순수하게, 정결하고 뜨겁게 혹은 깊고 오래인 내면의 영위로 승화시키는 시가 하나의 훌륭하고 불가피하고 필연적인 구실, 가장 허물없고 가능한 방법, 그러한 기능을 다할 수 있다고 생각해야 할 것이다.

클라우디아 이해인 수녀의 시, 그의 시적 결과와 그에 대한 집착에서 볼 때 위에 말한 두 가지 측면을 동시에 견지하고 있다고 생각한다. 극히 인간적인 주체로서 극히 지고한 신의 은총에 경도하고 헌신하고 고민하고 법열하는 모든 감정, 모든 사상의 진실성이 어떤 직업적인 시, 세련된 시적 효과보다도 더 감동적인 힘을 갖는 까닭을 이해할 수 있으리라 생각한다.

시인이 되기 위한 시로서가 아니고, 시인으로서의 시가 아닌 데에 그의 시의 일단의 순수성과 그 동기의 초월성이 있다.

그에게 있어서 시는 하나의 찬양이며 영혼의 법열 혹은 그 아픔의 고백이며 그 모두를 바로 신에게, 그리스도에게, 영원한 구원의 주에게, 하느님에게 바치는 불사르는 향불이요 제물이요 꽃떨기요 눈물이요 무릎 꿇음인 것이다. 종교나 성직의 초월적인 자리에서 시를 한 수단이나 목적 의식으로 삼지 않고 어디까지나 인간적인, 인간이기 때문에 그렇지 않을 수 없는 신을 향한 겸허와 그지없는 가녀림, 조용하고 자랑스러운 고백과 호소가 가능한 것이라 생각한다.

흔히는 대할 수 없는 한 성직 수녀의 정성 어린 시, 가장 높고 정결한 인생 종교적인 고백의 시가 우리에게 얼마나 귀중하고 희귀한 것인가를 알 만한 이유가 여기에 있다고 생각한다. 더 많이, 더 깊이, 더 높이 도달될 앞으로의 그의 시에 기대하면서 그의 범상치 않은 표현의 솜씨와 간절하고 진실에 넘치는 시 내적 세계, 종교적 체험의 성실한 고백에 찬사와 격려를 보내는 바이다.

1975년 12월 18일
박두진

다시 민들레의 길을 가며

첫 시집 《민들레의 영토》 출간 이후 40년의 세월이 흐르는 동안 10권의 시집과 8권의 산문집 그리고 몇 권의 선집과 번역집을 내게 되었고 저의 책이 나오면 무조건 책방으로 달려가는 애독자도 많이 생겼습니다. 저의 글방 서고에는 전국 각지에서 독자들이 보내온 수많은 편지들이 있습니다. 주소를 잘 모르는 독자들이 편지 겉봉에 '부산 광안리 민들레의 영토 수녀원'이라고 써 보내도 아무런 문제없이 배달되는 걸 보고 우리 수녀님들은 "여기가 정말 민들레의 영토 수녀원이 돼 버렸네?" 하고 웃는 모습을 봅니다. 제게 글을 보내왔던 어린 소년 소녀들이 이제는 아들딸을 결혼시키는 나이의 어른이 되었고, 2대, 3대에 걸쳐 가족들이 함께 시를 읽고 있다니 얼마나 행복한지요. 40년의 우정을 첫 시집과 나눈 오래된 독자들은 스스로를 '원년 독자'라고 칭하기도 합니다. 제가 종신 서원을 하던 해이기도 한 1976년 초판본에 서문과 발문을 써 주신 시인 박두진 선생님과 홍윤숙 선생님, 시집을 발간하는 데 결정적인 역할을 하신 당시의 관구장 임남훈 수녀님, 이 세 분 모두 세상을 떠나신 게 새삼 슬프게 느껴집니다.

 음악을 전공했던 임남훈 수녀님이 어느 날 제게 물으셨습니다. "피아노 치는 이들은 레슨을 받는데 글 쓰는 이들은 어디서 레슨을 받지요?" 어찌 답할지 몰라 망설이는 저에게 말씀하셨습니다. "시 쓰기를 따로 배우지 않았다면 경험 많은 선배 시인에게 한번 물어라도 보세요. 시의 수준이 어떠한지 계속 써도 되겠는지 등을요." 그래서 저는 당시 가톨릭출판사 사장이신 김병도 신부님(현재 김병도 몬시뇰)을 통해 홍윤숙 시인께 10편의 시를 보냈고 홍 선생님은 다른 시들을 더 보고 싶다면서 당장 부산으로 내려오셨습니다. 그분이 출판을 권유하셨을 때 많이 망설이다가 종신 서원을 기념하는 뜻으로 조금만 찍어서 수도 가족끼리 돌려 보는 것으로 결정을 보았습니다. 그러나 어느 일간지에 시집이 소개되면서 폭발적인 반응을 얻었고 이어서 책이 발간됐습니다.

 판이 거듭되고 많은 대중의 사랑을 받는 기쁨이 있었으나 그만큼 마음고생도 많이 하고 감당 못할 어려움에 눈물을 흘린 날도 많았습니다. 세월이 가면서 이제는 많이 편안해졌고 힘든 일들을 통해서도 배우는 게 많았습니다. 1976년에서

1990년대까지 십여 년 동안은 참된 시인이 되기 위해 혹독한 수련을 많이 받았다고 생각합니다.

긴 세월 동안 저를 인내해 준 수도 공동체의 수녀님들께 감사드립니다. 꾸준히 저의 시집을 읽어 준 독자들에게 감사합니다. 많은 시상을 떠올리게 한 부산 광안리 바다, 수녀원의 산과 언덕, 사계절의 꽃과 나무들, 함께 사는 수녀원 식구들, 동네 이웃들에게도 고마움을 전하고 싶습니다. 푸른 하늘에게 피리를 부는 민들레, 앉아서도 멀리 가는 민들레, 님 향한 그리움과 기다림에 늘 목이 마른 한 송이 민들레 수녀가 이제 지상의 영토를 떠나 넓고 푸른 하늘의 자리로 돌아갈 날도 그리 멀지 않은 듯합니다. 40주년을 기념하는 뜻에서 특별판을 내 주는 가톨릭출판사의 수고에 진심으로 감사드립니다.

여기 실린 44편의 시들이 아름답고 순결한 첫사랑의 추억으로 살아오는 지금, 저는 하늘을 보며 서툴지만 성스운 작은 노래를 부릅니다. 그리고 기도합니다. 다시 사랑의 길, 겸손의 길, 민들레의 길을 가겠다고, 그래서 더욱 행복해지고 싶다고.

2016년 2월, 부산 성 베네딕도 수녀원 해인글방에서

이 해인 씀

민들레의영토 차례

신에게 바치는 향불이며 꽃떨기 _ **박두진** · 5

다시 민들레의 길을 가며 _ **이해인** · 9

제1부 · 15
민들레의 영토

바다여 당신은 · 16
민들레의 영토 · 18
가을 산은 · 20
어느 수채화 · 22
유월엔 내가 · 24
새벽 창가에서 · 26
산에서 큰다 · 28
비 내리는 날 · 30
11월에 · 32
겨울 길을 간다 · 34
도라지 꽃 · 36
나의 창은 · 38
코스모스 · 40
저녁 강가에서 · 42
겨울나무 · 44
산맥 · 46

제2부 · 49

부르심   해바라기 연가 · 50

촛불 · 52

별을 보면 · 54

부르심 · 56

맑은 종소리에 · 58

장미의 기도 · 60

당신을 위해 내가 · 62

다리 · 64

벗에게 · 66

밤의 얼굴 · 68

가신 이에게 · 70

이별 소곡 · 72

나의 별이신 당신에게 · 74

편지 · 76

마리아 · 78

피 묻은 님들이여 · 80

부활의 아침 · 82

소화 데레사 성녀에게 · 84

제3부 · 87

큰 소리로 말씀치 않으셔도

첫 시집을 펴내며 _ **이해인** · 96

맑고 청아한 종소리와 같은 시 _ **홍윤숙** · 99

제 1 부
민들레의 영토

바다여 당신은

내가 목 놓아 울고 싶은 건
가슴을 뒤흔들고 가 버린
거센 파도 때문이 아니다
한밤을 보채고도 끊이지 않는
목쉰 바람 소리 탓도 아니다

스스로의 어둠을 울다
빛을 잃어버린
사랑의 어둠

죄스럽게 비좁은 나의 가슴을
커다란 웃음으로 용서하는 바다여
저 안개 덮인 산에서 어둠을 걷고
오늘도 나에게 노래를 다오

세상에 살면서도
우리는 서투른 이방인

언젠가는 모두가 쓸쓸히 부서져 갈
한 잎 외로운 혼임을
바다여 당신은 알고 있는가

영원한 메아리처럼 맑은 여운
어느 피안 끝에선가
종이 울고 있다

어제와 오늘 사이를 가로누워
한 번도 말이 없는 묵묵한 바다여
잊어서는 아니 될
하나의 노래를 내게 다오

당신의 넓은 길로 걸어가면
나는 이미 슬픔을 잊은
행복한 작은 배

이글거리는 태양을
화산 같은 파도를
기다리는 내 가슴에
불지르는 바다여

폭풍을 뚫고 가게 해 다오
돛폭이 찢겨도 떠나게 해 다오

1965

민들레의 영토

기도는 나의 음악
가슴 한복판에 꽂아 놓은
사랑은 단 하나의
성스러운 깃발

태초부터 나의 영토는
좁은 길이었다 해도
고독의 진주를 캐며
내가
꽃으로 피어나야 할 땅

애처로이 쳐다보는
인정의 고움도
나는 싫어

바람이 스쳐가며
노래를 하면

푸른 하늘에게
피리를 불었지

태양에 쫓기어
활활 타다 남은 저녁노을에
저렇게 긴 강이 흐른다

노오란 내 가슴이
하얗게 여위기 전
그이는 오실까

당신의 맑은 눈물
내 땅에 떨어지면
바람에 날려 보낼
기쁨의 꽃씨

흐려 오는
세월의 눈시울에
원색의 아픔을 씹는
내 조용한 숨소리

보고 싶은 얼굴이여   1965

가을 산은

가을 산은
내게 더 가까이 있고
더 푸르게 있다

슬픔 가운데도 빛나는
내 귀한 연륜

시시로
높은 산정 오르며
생각했지

눈 감으면 보이고
눈 뜨면 사라지는
나의 사랑

하 그리 고운 언어들
많이도 잊었지만
은총의 빛 얻어
슬프지 않은

가을 날
희게 손을 씻고 뛰어가는
당신의 언덕 길

덧없이 숨이 차 옴은
그게 다 어린 탓이라고
혼자 생각에

마음 더욱
가난히 키워
고개를 들면

가을 산은
내게 더 가까이 있고
더 푸르게 있다   1966

어느 수채화

비 오는 날
유리창이 만든
한 폭의 수채화

선연하게 피어나는
고향의
산마을

나뭇잎에 달린
은빛 물방울 속으로
흐르는 시냇물 소리

물결 따라
풀잎 위엔
무지개 뜬다

그 위로 흘러오는
영원이란 음악

보이지 않는 것들을
잡히지 않는 것들을
속삭이는 빗소리

내가 살아온 날
남은 날을
헤아려 준다

창은 맑아서
그림을 그린다

1975

유월엔 내가

숲 속에 나무들이
일제히 낯을 씻고
환호하는 유월

유월엔 내가
빨갛게 목 타는
장미가 되고

끝없는 산 향기에
흠뻑 취하는
뻐꾸기가 된다

생명을 향해
하얗게 쏟아 버린
아카시아 꽃 타래

유월엔 내가
사랑하는 이를 위해
더욱 살아

산기슭에 엎디어
찬비 맞아도 좋은
바위가 된다   1975

새벽 창가에서

하늘
그 푸른 둘레에
조용히
집을 짓고 살자 했지

귤빛 새벽이
어둠을 헹구고
눈을 뜨는 연못가

순결은 빛이라 이르시던
당신의 목소리
바람 속에 찬데

나의 그림자만 데리고
저만치 손 흔들며
앞서가는 세월

나의 창문엔
때로 어둠이 내렸는데
화려한 꽃밭에는
비도 내렸는데

못가엔
늘
꿈을 심고 살자 했지

백합과 촛불 들고 가는
새벽길에
기도를 뿌리면

돌을 던질 수 없는
침묵의 깊은 바다
내 마음에
태양이 뜬다

꽃들이 설레며
웃고 있는 밭 사이
창은 하늘을 마시고

내가 작아지는
당신의 길
새벽은 동그란 연못

1966

산에서 큰다

나는
산에서 큰다

언제나 듣고 싶은
그대의 음성
대답 없는 대답
침묵의 말씀

고개 하나
까딱 않고
빙그레 웃는 산

커다란 가슴 가득한
바위
풀 향기

덤덤한 얼굴빛
침묵의 성자

인자한 눈빛으로
나를 달래다
호통도 곧잘 치시는
오라버니 산

오늘도
끝없이
산에서 큰다   1975

비 내리는 날

잊혀진 언어들이
웃으며 살아오네

사색의 못가에도
노래처럼 비 내리네

해맑은 가슴으로
창을 열면

무심히 흘려버린
일상의 얘기들이

저만치 내버렸던
이웃의 음성들이
문득 정답게
빗속으로 젖어 오네

잊혀진 기억들이
살아서 걸어오네

젖은 나무와 함께
고개 숙이면

내겐 처음으로
바다가 열리네   1971

11월에

나뭇잎에 지는 세월
고향은 가까이 있고
나의 모습 더없이
초라함을 깨달았네

푸른 계절 보내고
돌아와 묵도하는
생각의 나무여

영혼의 책갈피에
소중히 끼운 잎새
하나하나 연륜 헤며
슬픔의 눈부심을 긍정하는 오후

햇빛에 실리어 오는
행복의 물방울 튕기며
어디론지 떠나고 싶다

조용히 겨울을 넘겨보는
11월의 나무 위에
연처럼 걸려 있는
남은 이야기 하나

지금 아닌
머언 훗날

넓은 하늘가에
너울대는
나비가 될 수 있을까

별밭에 꽃밭에
나뭇잎 지는 세월

나의 원은 너무 커서
차라리 갈대처럼
여위어 간다

1966

겨울 길을 간다

겨울 길을 간다

봄 여름 데리고
호화롭던 숲

가을과 함께
서서히 옷을 벗으면

텅 빈 해질녘에
겨울이 오는 소리

문득 창을 열면
흰 눈 덮인 오솔길

어둠은 더욱 깊고
아는 이 하나 없다

별 없는 겨울 숲을
혼자서 가니

먼 길에 목마른
가난의 행복

고운 별 하나
가슴에 묻고
겨울 숲길을 간다   1971

도라지 꽃

엷게 받쳐 입은
보랏빛 고운 적삼

찬 이슬 머금은
수줍은 몸짓

사랑의 순한 눈길
안으로 모아

가만히 떠올린
동그란 미소

눈물 고여 오는
세월일지라도

너처럼 유순히
기도하며 살고 싶다

어느 먼 나라에서
기별도 없이 왔니

내 무덤가에 언젠가 피어
잔잔한 연도를 바쳐 주겠니   1975

나의 창은

산이
살아서 온다

저만치 서 있다가
나무 함께 조용히
걸어서 온다

창은
움직이는 것들을 불러 세우고
서서히 길을 연다
꿈꾸게 한다

기쁨을 데려다 꽃피워 주는
창은 고운 새 키우는 숲
창 속의 숲 마을은
꺼지지 않는 불빛으로
밝아 오는 고향

온갖 어둠 몰아내고
처음인 듯 새롭게
창은
부활하는 아침

갑자기 꽃밭이 되어
나를 데리러 오면
나는 작아서 행복한
여왕이 된다

하얀 날개로
하늘을 날던 구름

어린 시절엔
그리 황홀했던 꿈
지금은 그냥 잊어만 간다

창은, 나의 창은
오늘도
자꾸 피리를 분다
끝없이 나를 데리고 간다

1968

코스모스

몸 달아
기다리다
피어오른 숨결

오시리라 믿었더니
오시리라 믿었더니

눈물로 무늬진
연분홍 옷고름

남겨 주신 노래는
아직도
맑은 이슬

뜨거운 그 말씀
재가 되겐 할 수 없어

곱게 머리 빗고
고개 숙이면

바람 부는
가을 길
노을이 탄다   1967

저녁 강가에서

바람 따라 파문 짓는
저녁 강가에

노을을 걸치고
앉아 있었다

등 뒤에서 무겁던
시간을 잊고

피곤한 눈길을
강물에 적시면

말없이 무한정
말이 깊은 강

고마운 오늘을
출렁이면서

기쁨의 내일을
가자고 한다

따스한 강물에
흔들리는 노을

나도 자꾸만
가고 있었다   1971

겨울나무

내 목숨 이어 가는
참 고운 하늘을
먹었습니다

눈 감아도 트여 오는
백설의 겨울 산길
깊숙이 묻어 둔
사랑의 불씨

감사하고 있습니다
살아온 날
살아갈 날
넘치는 은혜의 바다

사랑하고 있습니다
가는 세월
오는 세월
기도하며 지새운 밤

종소리 안으로
밝아 오는 새벽이면
영원을 보는 마음

해를 기다립니다
내 목숨 이어 가는
너무 고운 하늘을
먹었습니다

1969

산맥

아득한 하늘 너머
천년 그리운 님의 얼굴이 있어
천년을 묵묵히 기다려야 하는가

파랗게 이끼 먹도록
태양을 외면한 채
매양 너를 키워 온
검은 바위 바위를 안고

그렇게 오래도록
침묵을 뒤집어쓰고
누워 있어야만 하는가

지나온 날들을 생각지 않겠다
모질게 아려 오는 슬픔의 노랠랑
아예 부르지 않겠다

녹슨 세월을 발돋움하고
노을처럼 붉게 타오르더니

고독이 하얗게
눈으로 내려 덮인 마음 기슭엔
봄을 거부하는 하늘이 미워

가슴에 가득히 별을 심어 다오
작은 꽃포기 하나라도 심어 다오

구겨진 상처를 끌어안고
뜨거운 그리움에
몸부림치더니

하늘이여
내 새봄을 맞아 한 번의 푸른 웃음
웃어야 할 그때까지
천년을 또 묵묵히 기다려야 하는가

아, 마음 아픈 어젯날은 잊자
찬란한 내일만을 믿자 1963

제2회 신라문화제

전국 남녀 고등학생 백일장 장원 작품

제 2 부
부르심

해바라기 연가

내 생애가 한 번뿐이듯
나의 사랑도
하나입니다

나의 임금이여
폭포처럼 쏟아져 오는 그리움에
목메어
죽을 것만 같은 열병을 앓습니다

당신 아닌 누구도
치유할 수 없는
내 불치의 병은
사랑

이 가슴 안에서
올올이 뽑은 고운 실로
당신의 비단 옷을 짜겠습니다

빛나는 얼굴 눈부시어
고개 숙이면
속으로 타서 익는 까만 꽃씨
당신께 바치는 나의 언어들

이미 하나인 우리가
더욱 하나가 될 날을
확인하고 싶습니다

나의 임금이여
드릴 것은 상처뿐이어도
어둠에 숨지지 않고
섬겨 살기 원이옵니다   1975

촛불

꽃밭에 물을 뿌리고 오면
수백 개의 촛불로 펄럭이는
이 마음의 깃발

푸른 해안으로
오늘도
흰 배가 밀리는데

하늘 속에 피는 꽃

펄럭이는 촛불 새로
변함없이 열린
하나의 창문

문을 열고 나누는
너와의 악수

우리는 바람 속에 불리우고
또 밀려가는
강변의 작은 모래알 이웃이네

나도
활활 타 버리는
불길이면 좋으리

수많은 불꽃 사이로
어두움을 사르고

누군가
목 타게
나를 부르는 소리

수백 개의 촛불로
내가 타고 있네

1965

별을 보면

하늘은
별들의 꽃밭

별을 보면
내 마음
뜨겁게 가난해지네

내 작은 몸이
무거워
울고 싶을 때

그 넓은 꽃밭에 앉아
영혼의 호흡 소리
음악을 듣네

기도는 물
마실수록 가득 찬 기쁨

내일을 약속하는
커다란 거울 앞에
꿇어앉으면

안으로 넘치는 강이
바다가 되네

길은 멀고 아득하여
피리 소린 아직도
끝나지 않았는데

별 뜨고
구름 가면
세월도 가네

오늘은 어제보다
죽음이
한 치 더 가까워도

평화로이
별을 보며
웃어 주는 마음

훗날
별만이 아는 나의 이야기
꽃으로 피게

살아서 오늘을 더 높이
내 불던 피리
찾아야겠네

1966

부르심

나는
한 번도
숨을 수 없었습니다

어느 날 내가 흰 깃을 치며
무인도로 날아 버린
시인 같은 물새였을 때

뽕잎을 갉아 먹고
긴 잠에 취해 버린
꿈꾸는 누에였을 때

해초 내음 즐기며
모래 속에 웅크린
바다빛 껍질의 조개였을 때

깊은 가슴속으로
향을 피우던
수백만 개의 햇살

찬란한 당신 앞엔
눈 못 뜨는 나

부르시는 그 사랑을
듣게 하소서

무량의 바다 위에
두 팔을 벌리고
소리치는 태양이여

당신에겐
순명하여
피리 부는 바람

춤추는 파도로
뛰어가게 하소서

1975

맑은 종소리에

맑은 종소리에
풀잎도 크는
수녀원 안뜰에서
생각하는 새

이슬 내린 잔디밭
남몰래 산책하다
고운 님 보고 싶어
애태우는 맘

찔레꽃 하얗게
울음 토하는
생각의 뒷산으로
가고 싶은 새

맑은 종소리에
나무도 크는
수녀원 언덕 위에
앉아 있는 새

시 한 줄 읊고 싶어
눈을 감는다

아득한 하늘로
치솟고 싶어
명주 올 꿈을 향처럼
피워 올린다

맑은 종소리에
마음이 크는
수녀원의 못가에서
깃을 접는 새

새벽마다
해와 함께
바다를 품는다

1975

장미의 기도

피게 하소서
주여

당신이 주신 땅에
가시덤불 헤치며
피 흘리는 당신을
닮게 하소서

태양과 바람
흙과 빗줄기에
고마움 새롭게 하며
피어나게 하소서

내 뾰족한 가시들이 남에게
큰 아픔 되지 않게 하시며
나를 위한 고뇌 속에
성숙하는 기쁨을
알게 하소서

주여
당신 한 분
믿고
사랑하게 하소서

오직 당신만을 위해
마음 가다듬는
슬기를
깨우치게 하소서

진정
살아 있는 동안은
피 흘리게 하소서
죽어서 다시 피는
목숨이게 하소서

1975

당신을 위해 내가

캄캄한 밤
등불도 없이
창가에 앉았으면

시리도록 스며드는
여울물 소리

먼 산
안개 어린 별빛에
소로시 꿈이 이울어

깊이 눈 감고 합장하면
이밤사 더 밝게
타오르는 마음 길

인고의 깊은 땅에
나를 묻어
당신을 위해 꽃 피는 기쁨

어느 하늘 밑
지금쯤 누가 또 촛불 켜
노래 날릴까

차운 밤 밀물 소리
살포시 안개 속을
오시는 당신 위해

남은 목숨
고이
빛이 되는 사랑이여   1965

다리

이미 건너간 사람은
건너지 못한 이의 슬픔쯤
이내 잊어버리겠지

어차피 건너야 할 것이기
저마다 바쁜 걸음
뛰고 있는 것일까

살아가자면 언제이고
차례가 온다

따뜻한 염원의 강은
넌지시 일러 주었네

어둔 밤 길게 누워
별을 헤다가

문득 생각난 듯
먼 강기슭의 나를 향해
큰기침하는 다리

고단했던 하루를 펴서
다림질한다

보채는 순례객을 잠재우는
꿈의 다리 저편엔

나를 기다리는
너의
깊은 그림자가 누워 있다   1975

벗에게

너는
내 안에서
고운 잇속 드러내며
살짝 웃는다

이슬 달고 피어난
하얀 도라지 꽃

날마다
정성껏
너를 가꾼다

네가 꽃을 피워
나에겐
사랑이 되고

네가 살아와서
나의 눈물은
반짝이는 구슬이 된다

세월이 가도
젊음만 퍼 올리는
영혼의 샘가에서

순결한 눈짓 마주하여
피리 불다가

우리는 조용히
하나가 된다   1975

밤의 얼굴

붙잡히지 않는
언어의 날개 달고

울면서 울면서
거리를 헤매다
돌아온 빈 방

홀로 깨어
낯을 씻는
밤의 얼굴

늘 본 듯도 하고
낯도 선데

나에 취해서
나를 잃어 가는 동안
기억 밖에 매 두었던
친구의 얼굴인가

나는 지쳐 있고
너는 살았구나

기다리는 네 손에
내가 주는 건
싸늘한 빈손뿐

너는
소리 없이 밖에 나가
잃었던 내 심장을 찾아오고

내게 버림받은 이웃의
슬픈 눈길을 불러들이고
재로 식은 내 사랑에
불을 지핀다

갑자기 일어나
신들린 무녀처럼 춤을 추다가

나를 잠재우고 떠나는
웃지 않는 얼굴

이제
너는 지쳐 있고
내가 살았구나

1975

가신 이에게

갈꽃 같은 얼굴로
바람 속에 있었습니다

춥고 어두운 땅 밑에 누워
하얗게 사위어 가는 당신이
지금은 울 수도
웃을 수도 없는 당신이

살아 있는 이들보다
더 깊고 맑은
영혼의 말을 건네주십니다

당신의 말은 나비가 되어
나의 하늘에서 춤을 추고
그것은 또 꽃이 되어
내 마음 밭에 피고
하나의 별이 되어
어둔 밤을 밝힙니다

시시로 버림받고
시시로 잊혀지는
당신의 목쉰 소리는
이승과 저승을 잇는
바람 같은 기도가 되어

내가 믿지 않은
사랑하지 않은
잃어버린 시간들을
울게 하고 있습니다

스산한 바람이 눈물을 뿌려
꽃도 피지 않은
당신 무덤가에 오면

살아서도 조금씩
내가 죽어 가는 소리를
듣고 있습니다

당신이 누운 어둠의 골짜기
강 건너 저편엔

순간마다 촛불 켜는
누군가의 큰 손이
새벽종을 치는 이의
흰 옷자락이 너울대고 있습니다

1975

이별 소곡

헤어지는 연습 없이
사랑했는데

너와 내가
목메어
돌아서는 길목

돌층계에 깔리는
연연한 노을빛 그림자

쓸쓸히 손 흔들며
나목처럼
시린 가슴

용서하는 마음
사랑하는 정
가득 풀어헤치고

서러운 눈빛으로
마주치다가

순명의 나무 되어
손을 모은다

이별은
기도의 출발

헤어져도
갈림 없는
두 마음
빛

말간 하늘 폭에
하나의
돛을 단다   1969

나의 별이신 당신에게

조용히 끝난 하루를 걷어 안고
그렇게도 멀리 사시는
당신의 창가에 나를 기대이면
짙푸른 시원始原의 바다를 향하여
열리는 가슴

구름이 써 놓은 하늘의 시
바람이 전해 온 불멸의 음악에
당신을 기억하며
뜨겁게 타오르는
작은 화산이고 싶습니다

내가 숲으로 가는
한 점 구름이었을 때
더욱 가깝고 따스했던
당신의 눈길

문득 우주가 새로워지는
놀라운 환희의 시심을
처음으로 내게 알게 한 당신

아프도록 순수한 영혼 속의 대화를
침묵 속에 빛나는 기도의 영원함을
날마다 조심스레 일깨우는 당신이여

오직 당신을 통하여
하늘로 난 하나의 문이 열리면
나의 어둠은 조금씩
밝아지기 시작하고

어진 눈길 묵묵히 모아
당신이 계신 은하의 강가에서
가슴 적십니다 나는

언제나 함께 사는
멀리 가까운
나의 별이여

1971

편지

──────── 어머니께

어제를 보내고 돌아와
닫힌 창을 열면
순백의 옷을 입고 오는
정결한 아침

어머니
때로는 슬픔이 기다리는
좁은 돌층계를 기쁘게 오르다가
갑갑하게 돌아와 부른
나의 노래가 한숨일지라도

진정 오랜 날 하늘을 안고
깊은 마음 밭에 물을 뿌리게 한
신앙은 또 하나의
목숨이었습니다

한 번밖에 주어지지 않은
짧은 여정을 위해
얼마나 성스럽게 짐을 꾸려야 할지
그 한 분의 큰 손이
나의 어깨를 치셨습니다

부르시는 소리에 옷깃을 여미며
처음인 듯 새롭게
가득히 안아 보는
은혜로운 햇살

어머니
일출의 바다는 또한
일몰의 바다임을 기억하고 싶습니다
님이 오실 그 바다에서
당신을 만나겠지요

짙푸른 파도 같은
노래를 태우며
가야 할 아침들이 기도에 젖어
늘 깨어 있었으면 합니다
어머니   1972

마리아

투명한 가을 하늘
마리아를 부르면
해 뜨는 마음

가난해서 뜨거운
우리네 소망의 촛대 위에
불을 켜는 어머니

쉬임 없이 타오르는
주홍빛 불길
두 손에 가득 받아
언 마음을 녹인다

깊은 산골짜기
산나리 향기 먹고
담담히 흘러가는
물 같은 여인의 사랑

맑은 물 가슴에 차서
쓰디쓴 목마름을
씻어 없앤다

가을 꽃 피어나는
가만한 숨소리로
숨어 오는 마리아

당신의 이름 부르면
길이 열린다

거미줄로 얽힌 죄 많음을
후련히 쏟아 버린
따스한 눈물

가난한 우리네가
펄럭이는 촛불 되어
돌아오는 길

해를 안은
마리아와
영원을 산다   1975

피 묻은 님들이여 ──────── 순교 복자들께

보이지 않아도
나날이 미덥고
나날이 친숙해 온
피 묻은 님들이여

목숨을 걸고 사랑한 죄로
칼을 받아야 했던
피 묻은 얼굴들이
태양이 되어

아직도
그 빛 안에 우리가
살고 있음이여

어둠과 비애의 폭풍이 잦아
갈수록 슬퍼진 땅에
살기 위해 죽어서
우리도 묻혀야 할
이 그리운 땅에

지금은 얼굴을 묻고
귀 먹고 눈도 멀어
열리지 않는 가슴을
통곡하다 지쳐 버린 후예일지라도

남겨 주신 그 신앙
생명의 피로 아픔을 씻고
또다시 희망 속에
웃고 싶음이여

피 묻은 님들이 있어
더욱 확연히 트인
하나의 길로
영원히 살고 싶음이여   1975

부활의 아침 ──────── 막달레나의 노래

문을
열어 주십시오

너무도 가혹하게 사무쳐 오던
고난에 멍든 세월을
다시는 기억치 않으렵니다

죽음보다 갑갑하고 어둡던 시간
당신의 부재로 하여
아픔이 피와 같던 시간을 탄식하며

무덤 밖에서 절절히
목메어 울었었거니

굳게 닫힌 무덤의 문
훌훌히 죽음의 옷 벗으시고
이렇게 찬란히
빛 속으로 살아오셨습니다

아아 스승이여
슬프던 노래를 땅속에 묻고
승리의 흰 깃발 흔들며

매양 떨리던 가슴으로
다시 산
나의 기쁨

당신의 부활로
해맑게 트인 영광의 새벽

내 부끄러운 길을
빛 부신 사랑으로 씻어 주신 님
이제는 결코
놓치지 않으렵니다

내 목숨
길이
당신 보며 살으리니

유일한 나의 삶은
사랑하는 것
죽는 것

주여
오십시오
열어 주십시오

1969

소화 데레사 성녀에게

거대한 태양을 끌어안고
단숨에 타 버린
작은 별이여

완성을 향해
아픔의 씨앗 품고
우주를 색칠하던 꽃

백 년이 넘어도
빛 바래지 않은
겸허한 얼굴

순한 향기로
끝없이 피어나는
작은 꽃이여

숨고 싶어
숨고 싶어

하찮은 일도
환희로 꽃피우며
기도로 열매 맺고

다함없는 믿음과
'사랑의 학문'밖엔
가진 게 없던

우리가 닮고 싶은
고운 님이여   1975

제 3 부
큰 소리로 말씀치 않으셔도

1

큰 소리로 말씀치 않으셔도 들려옵니다. 나의 자그만 안뜰에 남몰래 돋아나는 향기로운 풀잎, 당신의 말씀, 그 말씀 아니시면 어떻게 이 먼 바다를 저어 갈 수 있겠습니까. 아무리 둘러보아도 아직은 메마른 나무의 둘레, 나의 둘레, 꽃도 피지 않고 뜨거울 줄 모르는 미지근한 체온, 비록 긴 시간이 걸려도 꽃은 피워야겠습니다. 비 온 뒤의 햇살같이 안으로 스며드는 당신의 음성.

큰 소리로 말씀치 않으셔도 가까이 들려옵니다.

빛나는 새 아침을 맞기 위하여 밤은 오래도록 어두워야 한다고.

아직도 잠시 빛이 있을 동안에 나는 끔찍이 이 세월을 아껴 써야 한다고.

마음이 가난치 못함은 하나의 서러움

보화가 있는 곳에 마음 함께 있다고.

아직도 가득 차 있는 나의 잔을 보다 아낌없이 비워야 한다고.

……

네, 그래요.

큰 소리로 말씀치 않으셔도 분명히 들려옵니다.   1971. 3. 3.

2

죄는 많으면서도 뉘우침조차 사무쳐 오지 않는 불모의 사막. 돌같이 차가워진 타성은 미약한 나의 기도마저 그늘 속에 잠재우고 다신 돌이킬 수 없는 오늘을 그대로 삼키려는가.

어느새 뿌리를 내린 이기의 습관은 소중한 나의 자유를 노예로 만들더니, 시간마다 오열하여 가슴을 뜯는 소리.

종을 치세요, 종을 치세요. 한 방울의 겸허한 눈물로 답답한 이 가슴을 적실 때까지 용기를 내어 울자. 사막의 뜨거운 모래밭을 걷기로 하자. 1968. 12. 17.

3

창문을 열면 수면에 잠긴 채로 오색 영롱한 항구의 불빛.

오늘 또 하루 날은 저물었습니다, 주님.

감은 눈 안으로 일기를 젖히면, 파아란 하늘 밑에서 표백된 빨래를 쥐어짜는 어머니 가슴같이 희디흰 기쁨이 있었습니다. 연기처럼 가볍게 오르고 싶으면서도 먼지투성이로 주저앉아 버린 초라한 실망이 있었습니다.

빼앗기고 싶잖은 차가운 의지로 당신을 위해 마음 도사리며 옷깃 여민 어려움, 어찌 나에게 이런 행복한 아픔을 주십니까.

주님, 나는 무엇이어야 할까요. 자신을 잊어버리기엔 아직 너무나도 고된 내가 진리이신 당신 앞에 할 말이 무엇일까요. 한 줌의 햇살을 움켜쥔 채 그래도 나는 드릴 얘기가 있었습니다. 겹겹이 나를 닫아 버린 어둠 속을 헤치고 당신 아닌 그 누구를 찾아야 되겠습니까.

섭리이신 당신이여, 나의 자유는 당신의 것입니다. 하늘 향한 나의 원이 참 바른 것이라면 다른 이와 더불어 나누어 갖고 싶습니다. 맑은 아침같이 정결한 의지를 키워 주십시오. 나는 오로지 당신의 피로써 태어난 목숨임을 더 깊이 알게 해 주십시오.

고적한 침묵을 타고 밤은 내립니다. 신비의 절정으로 나를 안아 주는 밤. 한 영혼의 비밀한 얘기를 당신은 들으십니까, 하여, 하나이신 당신 앞에 내가 외우는 노래, 사랑하는 일입니다. 바친다는 것입니다.

1965. 5. 15.

4

아무 예고도 없이 가슴에까지 돌을 던지는 바람은 내가 인간이기에 인간의 숲으로부터 옵니다. 남을 보고야 얼마든지 잘 다스리라고 천연스럽게 말도 하지만 바람이 내게 불어 괴로울 제는 얼마나 비겁하게 못난 얼굴을 하는지요.

비록 고맙지 않게 보이는 바람일지라도 숨겨진 깊은 뜻을 믿음으로 밝혀내게 하십시오. 바람이 멎으면 벗들과 마주 앉아 성숙한 대화를 갖고, 그제사 나의 기쁨은 바람에 영근, 하나의 별이 될 것입니다.

나는 생애의 바다 가운데서 겸허와 진실의 해초를 뜯어내고 싶습니다. 순간 속에 영원을 사는 '행복'이란 진주를 캐어 내고 싶습니다. 1971. 3. 26.

5

당신을 알고 난 뒤 낯이 설던 우주는 안온한 나의 집이 되고, 당신을 사랑한 뒤 낯이 설던 이웃은 나의 형제가 되었습니다. 그러하오나 주님, 당신 모습 수시로 알아보지 못함을 용서해 주십시오. 어딜 가나 버림받고 가시밭에 뒹구는 고뇌의 당신, 초췌한 얼굴로 찬비 맞으며, 병들고 배고픈 거리의 이웃들과 함께 시시로 죽어 가는 당신 모습 알아보지 못했음을.

억울하게 매 맞고 웃음거리 되어 질퍽한 시장 길로 당신이 쫓기실 때, 할 바를 모른 채 멍청하니 서 있던 나를 용서해 주십시오. 내 집 문밖에서 기웃거리던 당신을 빚쟁이로 몰아세운 나의 불손함을 상처투성이의 그 얼굴 외면해 버리고도 사랑한다, 사랑한다 말로만 익혀 온 나의 헛맹세를 진정 용서해 주십시오.

나의 무관심으로 불행히 죽어 가는 이웃의 착한 얼굴들이 되살아오는 이 순간, 조금만 눈을 뜨면 수많은 당신 모습 발견할 수 있고, 당신을 힘입으면 당신만큼 뜨겁게 사랑할 수 있음을 항시 기억치 못한 우매한 나를,

주님, 용서해 주십시오. 1975. 11. 17.

6

절더러 어떻게 하라시는 건지 대답해 주십시오. 어디선가 갑자기 어둠이 내리더니 내 가던 길마저 보이지 않고, 정든 친구들도 미소를 버리고 저만치 외면하여 다른 길로 떠났습니다.

볼품없이 잊혀진 나를 억울해하면서 슬프디슬픈 체념을 눈 아프게 울었습니다. 단 하나의 기쁨이 되어 주실 당신의 모습조차 지금은 희미해졌습니다. 잔뜩 성이 난 표정으로 당신을 기다리다가 일그러진 내 얼굴이 미워져서 다시 울었습니다.

하오나 주님, 당신을 향해 밝혀 둔 내 의지의 촛불이 다 탔을 제, 어쩌면 이리도 나를 몰랐을까, 가리고 싶은 부끄러움.

내가 만든 자아의 성벽은 와르르 무너지고 느닷없이 솟구치는 새로운 물줄기, 이 기쁨, 이 예기치 않던 깨우침을 어떻게 다스려야 할지……

주님, 지금은 정말 대답해 주십시오. 1971. 3. 6.

7

어떻게 내 마음을 다스려야 할까요. 말로만 사랑을 익히는 나의 거짓이 못 견디게 슬플 때, 꼭 붙들었던 진리의 의미마저 짐짓 멀어지고 당신을 위한 나의 노래가 쓸모없이 느껴지던 의혹의 시간들을.

기도할 수 없는 나, 울 수도 없이 메마른 나를 아직 지켜 갈 수 있음은 당신이 심어 주신 불멸의 노래, 내게 주신 소중한 '첫 신앙' 때문입니다. 하지만 세월을 삼키던 빈 하늘을 지키며 어둠 속에서 빛을 그리는 나의 뜨거움을 지금은 견딜 수가 없습니다.

아무 이야기도 할 수 없어 조용히 내가 작아지는 즐거운 한숨의 시간, 주님, 당신의 대답을 기다립니다. 어제처럼 밖에는 어둠이 짙은 기도의 시간입니다. 1971. 7. 18.

8

가끔 당신을 편리에 따라서만 이용하는 내 자신을 발견할 때

마다 숨어 버리고 싶습니다. 변덕스런 내 마음에 당신은 몇 번이고 불쑥 화가 나시겠지요.

거울 속에 비친 나의 모습, 축 처진 어깨, 우울로 그늘진 얼굴, 당신의 위로마저 찾아볼 길 없는…….

덕으로 드러나 칭찬받고 싶은 내 오만한 욕심을 당신은 얼마나 불쾌히 여기셨겠습니까.

참으로 작아지는 겸손을 내가 배워 익힐 제 당신은 비로소 나를 받으시고 기쁨으로 이 마음을 채워 주실 것입니다. 당신의 뜻을 따르기 위해 산 같은 믿음과 용기가 필요하오니 그 뜨거운 손으로 언제이고 나를 치소서. 죽어서야 다시 살을 나의 진실한 사랑, 아직은 살아서 우미할지언정 나날이 당신을 입어 사랑의 화신되게 하소서.

1971. 4. 16.

9

종소리와 함께 환희 속에 트였던 나의 아침을 아직 기억하게 해 주십시오. 주신 하루는 즐거운 산책이었습니다. 함께 가던 이웃들의 따스했던 눈길과 슬펐던 무관심도 지금은 더 깊이 사랑하고 싶습니다.

언제나 진리를 향한 목마름과 아직은 생생히 살아 있는 이 은총의 빛살을 잃지 않게 해 주십시오. 스스로의 어둠을 울어 다시 빛을 못 보는 슬픈 자가 아니 되고 싶습니다.

먼 데서 바람을 데리고 찾아온 나의 저녁이 다시 내일을 약속하는 이 시간, 아아 주님, 푸르렀던 오늘을 감사하게 하시고, 길이 당신 곁에 믿음으로 깨닫는 자 되게 하소서. 믿음으로 새로운 자 되게 하소서.　　　　　　　　　　　1971. 3. 16.

10

오랜 세월 뜨겁던 하나의 염원을 안고 지금은 숲으로 간다. 하늘로 이어 가는 나의 숲길에도 당신의 문은 열리어 문득 파도같이 부서지는 환희의 물결이여, 지금은 내가 깨어야 할 시간, 너와 함께 떠나야 할 출발의 아침이다. 형제여, 어서 아름다운 잔치에 초대되어 그새 나누이는 사랑의 기쁨을 노래해야지. 우리는 주저할 시간이 없다. 은총이여, 한 점 꺼짐 없이 타올라 조금도 헛됨이 없는 우리의 햇살, 기쁨이여.

남몰래 문 닫은 어둠 속에서도 나를 살게 하는 빛나는 목소리, 나의 길, 영원한 바위, 오늘도 그리로 가야 한다. 진정 간절히 익혀 오던 하나의 소원을 촛불로 밝혀 들고 또다시 숲으로 가자.　　　　　　　　　　　　　　　　　　1968. 8. 18.

첫 시집을 펴내며

　누군가 나에게 왜 시를 쓰느냐고 물어 오면 나는 선뜻 대답할 말을 찾지 못합니다. 애써 해 보라고 누가 시킨 것도 아니었고 그렇다고 시를 쓰게끔 한 특별한 계기가 있던 것도 아닙니다.

　어려서부터 절로 말을 배워 익히고 주위의 것들과 친숙해 오듯 나는 나도 모르게 시와 함께 호흡하는 매일을 살아왔다고 얘기할 수 있습니다. 슬플 때나 기쁠 때나 시라는 노래를 부를 수 있어 늘 행복했습니다. 그 노래를 어떤 방법으로 불러야만 가장 격에 맞는 것인지 자신의 음_音이 바로 음치의 그것인지조차 실상은 모르면서 틈틈이 불러 모으다 보니 여러 개가 되었습니다.

　혼자서는 흥겹게 부르던 콧노래도 막상 누가 정색을 하고 들어 보겠다면 당황해지듯, 몰래 흥얼거리던 내 노래에 새삼 귀 기울여 주실 모든 분들 앞에 나는 퍽도 두렵고 부끄러운 마음으로 서 있습니다. 그러면서도 생전 처음으로 입는 고운 설빔을 머리맡에 개켜 놓고 밤잠을 설치는 어린애처럼 설레는 기쁨 또한 숨길 수 없습니다.

한 번 써 놓고는 잘 돌아보지 않았던 글들을 하나씩 손질해 가면서 나는 시를 쓴다는 게 얼마만한 아픔과 인내를 수반하는 것인지 새삼 절감할 수 있었습니다. 그것은 또 하나의 수도의 길, 바로 나 자신이 되어 가는 길이라는 것을……. 누가 뭐래도 시는 나에게 있어 생생한 기도의 체험이었고 그렇기 때문에 거짓이 아님을 확신합니다.

머지않아 내가 주님 제단 앞에 엎디어 종신 서원을 하는 날, 나는 영원한 사랑의 약속과 함께 시와 더불어 살겠다는 결의 또한 새롭게 할 것입니다.

아직 너무니 부족하고 그래서 갈 길이 멀다는 걸 오히려 기뻐하며, 이 시집에 담긴 노래들을 나와 함께 사랑을 나눈 여러 형제와 이웃에게 바치고 싶습니다. '너' 없이 태어날 수 없던 '나'의 시는 또한 '우리'의 것도 될 수 있겠기 때문입니다. 여고 시절에 쓴 〈산맥〉 외에는 모두가 수도원에 입회한 이후에 쓴 것이고 그중의 더러는 신문이나 잡지에 실렸던 것임을 밝혀 둡니다. 《민들레의 영토》가 나오도록 후원해 주신 임남훈 관구장 수녀님과 수도 공동체의 수녀님들, 바쁘신 가운데도 쾌히, 제자題字와 머리글을 써 주신 박두진 선생님, 늘 어머니다운 배려로 자상한 지도를 아끼지 않으셨던 홍윤숙 선생님, 그리고 가톨릭출판사의 김병도 신부님과 구중서 선생님께 참으로 뜨거운 감사를 드립니다.

1975년 12월 8일

이 해 인 씀

맑고 청아한 종소리와 같은 시

　지난여름, 가톨릭출판사의 김병도 신부님을 통해 이해인 수녀로부터 한 장의 편지와 함께 수 편의 시를 받았었다. 다감하고 깔끔한 편지라는 인상을 받았지만 별다른 기대도 없이 동봉한 수 편의 시를 읽어 내려갔다. 그리고 나는 나도 모르게 그 선명한 시정에 빠져 들어갔다.

　그것은 전연 처음으로 대하는 빛깔의 진한 음영과 색조를 지닌 시 세계였다. 수도원 깊은 담 안에서 아직 아무의 손도 거치지 않고 또 누구의 시풍도 모방함이 없이 홀로 숨어서 자기의 목소리로 자기의 영토를 가꾸어 낸 젊은 수도자의 나심裸心의 노래, 나는 문득 그 시편들을 읽으면서 수도원 종탑을 울리는 맑고 청아한 종소리를 듣고 있는 듯한 착각을 느꼈다.

　그리고 그 여름 나는 부산 광안리 푸른 바다 곁에 서 있는 성 베네딕도 수도원 깊은 담 안에서 검은 수도복에 쌓인 이해인 수녀 바로 그 다감한 시의 주인을 만났다.

젊고 아름다운 꼭 그림같이 고운 사람이었다. 그는 10여 년간 써 모아 둔 백여 편의 시를 부끄러워 어쩔 줄 모르면서 내어 놓았고 나는 그것을 피곤한 줄도 모르고 단숨에 읽어 버렸다. 그렇게 그 시편들은 읽는 이의 마음을 잡고 놓지 않았다. 미숙한 풋과실처럼 신선하면서도 간절하였고 간절하면서도 헤프지 않았다.

기도는 나의 음악
가슴 한복판에 꽂아 놓은
사랑은 단 하나의
성스러운 깃발

태초부터 나의 영토는
좁은 길이었다 해도
고독의 진주를 캐며
내가
꽃으로 피어나야 할 땅

애처로이 쳐다보는

인정의 고움도

나는 싫어

……

〈민들레의 영토〉 중에서

  이렇게 그리스도의 길을 가는 수도자의 결곡한 심정을 야무지게 표백하면서 한편 "꽃밭에 물을 뿌리고 오면/ 수백 개의 촛불로" 가슴이 타오르고 "내 생애가 한 번뿐이듯/ 나의 사랑도 하나"뿐인 "당신 아닌 누구도 치유할 수 없는" "불치의 병" "사랑"을 앓는 수도자의 고뇌와 기쁨을 적나라하게 토로하고 있었다.

  나는 그가 수도사라는 특수한 직분 때문에 그의 시들 특별히 눈여겨보는 것이 아니다. 물론 그의 시엔 뛰어난 수사나 기법이 있는 것은 아니지만 누구도 따를 수 없는 진실이 있고 그 진실이 표출해 내는 내적 세계의 선명한 명암이 거짓 없이 읽는 이의 가슴을 감동으로 메우는 것이다.

  기실 누구든 의식하든 의식하지 않든 간에 최종의 행선지는 하늘이다. 절대 구원이신 그리스도다. 수도자는 일찍 눈 때 부르심을 받고 지름길로 달려가는, 생각하면 지극히 행복한 분들이다. 그러나 그리스도를 만나는 수도의 길은 어려운 길이다. 그리고 시를 쓰는 일도 어려운 일이다. 수도와 시의 어려움을 함께 짊어진 이해인 수녀의 십자가는 크다. 시를 쓰듯 수도를 하고 수도를 하듯 시를 쓰는 이중의 고난을 스스로 택한 것이다. 하지만 더 큰 고통은 더 큰 기쁨이라고 약속하셨던 그리스도의 말씀대로 수도와 시 그 이중의 고난을 통해 이중으로 그리스도를 만나는 기쁨을 향유할 것이니 이해인 수녀의 이 어려운 출발은 그대로 그리스도를 만나는 또 하나의 기쁨의 길이 될 것이다. 이제 수도자로서 가장 큰 기쁨인 종신 서원과 또 하나의 기쁨인 첫 시집, 그 두 개의 길에서 이중으로 그리스도를 만나는 기쁨을 향유한 이해인 수녀의 영광된 출발을 진심으로 축하한다.

끝으로 이 시집이 나오기까지 보이지 않는 곳에서 가장 큰 힘이 되었던 임남훈 관구장 수녀님의 정성을 빼놓을 수 없다. 그분의 열의와 염려가 없었다면 이 시집의 출산도 어려웠으며 사실 이해인 수녀의 노력도 그를 여기까지 밀고 끌어 준 관구장 수녀님의 뜨거운 편달의 결과임을 나는 알고 있다. 그만큼 임남훈 관구장 수녀님은 자신이 성가 작곡에 집념하는 음악도로서 못다한 예술에 대한 꿈을 공동체 자매들의 소질

발굴에 기울였던 것이다. 그분의 숨은 정성과 배려의 결실이 헛되지 않았음을 아울러 축하한다.

1975년 12월

홍윤숙